家校联系网

家庭地址		
父　　亲		
母　　亲		
语文老师		
数学老师		
英语老师		
其他老师		

课程表

星期 / 节次	一	二	三	四	五
1					
2					
3					
4					
5					
6					
7					

课程表

节次＼星期	一	二	三	四	五
1					
2					
3					
4					
5					
6					
7					

作息时间表

____年__月__日 星期____

语文	今日阅读…… 1…… 2…… 3…… 4…… 完成时间：（ ）
数学	1…… 2…… 3…… 完成时间：（ ）
英语	每天听读……分钟 1…… 2…… 完成时间：（ ）
其它	…… ……
体育锻炼	坐位体前屈（ ） 踢毽子（ ） 跳绳（ ） 广 播 操（ ） 其 它（ ）
家校交流	家长签字：…… 作业完成情况：认真（ ）一般（ ） 马虎（ ）

古诗

长歌行（汉乐府）

百川东到海，何时复西归？
少壮不努力，老大徒伤悲。

____年__月__日 星期___

<table>
<tr><td rowspan="1">语文</td><td>今日阅读……
1……
2……
3……
4…… 完成时间：（ ）</td></tr>
<tr><td>数学</td><td>1……
2……
3…… 完成时间：（ ）</td></tr>
<tr><td>英语</td><td>每天听读……分钟
1……
2…… 完成时间：（ ）</td></tr>
<tr><td>其它</td><td>……
……</td></tr>
<tr><td>体育锻炼</td><td>坐位体前屈（ ） 踢毽子（ ） 跳绳（ ）
广 播 操（ ） 其 它（ ）</td></tr>
<tr><td>家校交流</td><td>家长签字：……
作业完成情况：认真（ ）一般（ ） 马虎（ ）</td></tr>
</table>

弟子规

弟子观，圣人训。首孝悌，次谨信。
泛爱众，而亲仁。有余力，则学文。

____年__月__日 星期____

语文	今日阅读…… 1…… 2…… 3…… 4…… 完成时间：（ ）
数学	1…… 2…… 3…… 完成时间：（ ）
英语	每天听读……分钟 1…… 2…… 完成时间：（ ）
其它	…… ……
体育锻炼	坐位体前屈（ ） 踢毽子（ ） 跳绳（ ） 广 播 操（ ） 其 它（ ）
家校交流	家长签字：…… 作业完成情况：认真（ ）一般（ ） 马虎（ ）

趣味数学 小华的爸爸1分钟可以剪好5只自己的指甲。他在5分钟内可以剪好几只自己的指甲？

答案：20只，包括手指甲和脚指甲

____年__月__日　星期___

语文	今日阅读…… 1…… 2…… 3…… 4……　完成时间：（　）
数学	1…… 2…… 3……　完成时间：（　）
英语	每天听读……分钟 1…… 2……　完成时间：（　）
其它	…… ……
体育锻炼	坐位体前屈（　）　踢毽子（　）　跳绳（　） 广　播　操（　）　其　它（　）
家校交流	家长签字：…… 作业完成情况：认真（　）一般（　）马虎（　）

英语名句　Do one thing at a time, and do well.

一次只做一件事，做到最好！

____年__月__日 星期____

语文	今日阅读…… 1…… 2…… 3…… 4…… 完成时间：（ ）
数学	1…… 2…… 3…… 完成时间：（ ）
英语	每天听读……分钟 1…… 2…… 完成时间：（ ）
其它	…… ……
体育锻炼	坐位体前屈（ ） 踢毽子（ ） 跳绳（ ） 广 播 操（ ） 其 它（ ）
家校交流	家长签字：…… 作业完成情况：认真（ ）一般（ ） 马虎（ ）

趣味对联

大肚能容，容天下难容之事；
开口便笑，笑世间可笑之人。

____年__月__日　星期___

语文	今日阅读…… 1…… 2…… 3…… 4……　完成时间：（　）
数学	1…… 2…… 3……　完成时间：（　）
英语	每天听读……分钟 1…… 2……　完成时间：（　）
其它	…… ……
体育锻炼	坐位体前屈（　）　踢毽子（　）　跳绳（　） 广　播　操（　）　其　它（　）
家校交流	家长签字：…… 作业完成情况：认真（　）一般（　）马虎（　）

古诗

七步诗（曹植）

煮豆燃豆萁，豆在釜中泣。
本是同根生，相煎何太急？

____年__月__日  星期____

语文	今日阅读………… 1………… 2………… 3………… 4………… 完成时间：（ ）
数学	1………… 2………… 3………… 完成时间：（ ）
英语	每天听读……分钟 1………… 2………… 完成时间：（ ）
其它	………… …………
体育锻炼	坐位体前屈（ ） 踢毽子（ ） 跳绳（ ） 广 播 操（ ） 其 它（ ）
家校交流	家长签字：…… 作业完成情况：认真（ ）一般（ ） 马虎（ ）

弟子规

父母呼，应勿缓。父母命，行勿懒。
父母教，须敬听。父母责，须顺承。

____年__月__日 星期____

语文	今日阅读 …… 1 …… 2 …… 3 …… 4 …… 完成时间：（ ）
数学	1 …… 2 …… 3 …… 完成时间：（ ）
英语	每天听读 …… 分钟 1 …… 2 …… 完成时间：（ ）
其它	…… ……
体育锻炼	坐位体前屈（ ） 踢毽子（ ） 跳绳（ ） 广 播 操（ ） 其 它（ ）
家校交流	家长签字：…… 作业完成情况：认真（ ）一般（ ） 马虎（ ）

趣味数学 小华带50元钱去商店买一个价值38元的小汽车，但售货员只找给他2元钱，这是为什么？

答案：因为他付给售货员40元，所以只找给他2元

____年__月__日 星期____

语文	今日阅读 …………………… 1 …………………… 2 …………………… 3 …………………… 4 …………………… 完成时间：（ ）
数学	1 …………………… 2 …………………… 3 …………………… 完成时间：（ ）
英语	每天听读 ………… 分钟 1 …………………… 2 …………………… 完成时间：（ ）
其它	…………………… ……………………
体育锻炼	坐位体前屈（ ） 踢毽子（ ） 跳绳（ ） 广 播 操（ ） 其 它（ ）
家校交流	家长签字：………… 作业完成情况：认真（ ）一般（ ） 马虎（ ）

英语名句

Never forget to say "thanks" .

永远不要忘了说“谢谢”！

____年__月__日 星期____

语文	今日阅读…………………… 1…………………… 2…………………… 3…………………… 4…………………… 完成时间：（ ）
数学	1…………………… 2…………………… 3…………………… 完成时间：（ ）
英语	每天听读………… 分钟 1…………………… 2…………………… 完成时间：（ ）
其它	…………………… ……………………
体育锻炼	坐位体前屈（ ） 踢毽子（ ） 跳绳（ ） 广 播 操（ ） 其 它（ ）
家校交流	家长签字：………… 作业完成情况：认真（ ）一般（ ）马虎（ ）

趣味对联

事在人为，休言万般都是命；
境由心造，退后一步自然宽。

____年__月__日  星期____

语文	今日阅读 …………………… 1 …………………… 2 …………………… 3 …………………… 4 …………………… 完成时间：（ ）
数学	1 …………………… 2 …………………… 3 …………………… 完成时间：（ ）
英语	每天听读 ………… 分钟 1 …………………… 2 …………………… 完成时间：（ ）
其它	…………………… ……………………
体育锻炼	坐位体前屈（ ） 踢毽子（ ） 跳绳（ ） 广 播 操（ ） 其 它（ ）
家校交流	家长签字：………… 作业完成情况：认真（ ）一般（ ）马虎（ ）

古诗 **敕勒歌**（北朝民歌）

敕勒川，阴山下。天似穹庐，笼盖四野。

天苍苍，野茫茫，风吹草低见牛羊。

____年__月__日 星期___

语文	今日阅读…… 1…… 2…… 3…… 4…… 完成时间：（ ）
数学	1…… 2…… 3…… 完成时间：（ ）
英语	每天听读……分钟 1…… 2…… 完成时间：（ ）
其它	…… ……
体育锻炼	坐位体前屈（ ） 踢毽子（ ） 跳绳（ ） 广 播 操（ ） 其 它（ ）
家校交流	家长签字：…… 作业完成情况：认真（ ）一般（ ） 马虎（ ）

弟子规

冬则温，夏则凊。晨则省，昏则定。
出必告，反必面。居常有，业无变。

____年__月__日 星期____

语文	今日阅读 .... 1 .... 2 .... 3 .... 4 .... 完成时间：（ ）
数学	1 .... 2 .... 3 .... 完成时间：（ ）
英语	每天听读 .... 分钟 1 .... 2 .... 完成时间：（ ）
其它	....
体育锻炼	坐位体前屈（ ） 踢毽子（ ） 跳绳（ ） 广 播 操（ ） 其 它（ ）
家校交流	家长签字：........ 作业完成情况：认真（ ）一般（ ） 马虎（ ）

趣味数学 6匹马拉着一架大车跑了6里，每匹马跑了多少里？6匹马一共跑了多少里？

答案：6里，36里

____年__月__日 星期___

语文	今日阅读…………………… 1…………………… 2…………………… 3…………………… 4…………………… 完成时间：（ ）
数学	1…………………… 2…………………… 3…………………… 完成时间：（ ）
英语	每天听读………分钟 1…………………… 2…………………… 完成时间：（ ）
其它	…………………… ……………………
体育锻炼	坐位体前屈（ ） 踢毽子（ ） 跳绳（ ） 广 播 操（ ） 其 它（ ）
家校交流	家长签字：………… 作业完成情况：认真（ ）一般（ ） 马虎（ ）

英语名句 Keep on going never give up.

勇往直前，决不放弃！

____年__月__日  星期____

语文	今日阅读………… 1………… 2………… 3………… 4………… 完成时间：（ ）
数学	1………… 2………… 3………… 完成时间：（ ）
英语	每天听读……分钟 1………… 2………… 完成时间：（ ）
其它	………… …………
体育锻炼	坐位体前屈（ ） 踢毽子（ ） 跳绳（ ） 广 播 操（ ） 其 它（ ）
家校交流	家长签字：…… 作业完成情况：认真（ ）一般（ ） 马虎（ ）

趣味对联

趣言能适意，茶品可清心；
意适能言趣，心清可品茶。

____年__月__日 星期___

语文	今日阅读 …………………… 1 …………………… 2 …………………… 3 …………………… 4 …………………… 完成时间：（　）
数学	1 …………………… 2 …………………… 3 …………………… 完成时间：（　）
英语	每天听读 ……… 分钟 1 …………………… 2 …………………… 完成时间：（　）
其它	…………………… ……………………
体育锻炼	坐位体前屈（　）　踢毽子（　）　跳绳（　） 广　播　操（　）　其　它（　）
家校交流	家长签字：………… 作业完成情况：认真（　）一般（　）马虎（　）

古诗

咏鹅（骆宾王）

鹅，鹅，鹅，曲项向天歌。
白毛浮绿水，红掌拨清波。

____年__月__日  星期____

语文	今日阅读…… 1…… 2…… 3…… 4…… 完成时间：(　)
数学	1…… 2…… 3…… 完成时间：(　)
英语	每天听读……分钟 1…… 2…… 完成时间：(　)
其它	…… ……
体育锻炼	坐位体前屈(　)　踢毽子(　)　跳绳(　) 广　播　操(　)　其　它(　)
家校交流	家长签字：…… 作业完成情况：认真(　)一般(　)马虎(　)

弟子规

事虽小，勿擅为。苟擅为，子道亏。

物虽小，勿私藏。苟私藏，亲心伤。

____年__月__日  星期____

语文	今日阅读 …………………… 1 …………………… 2 …………………… 3 …………………… 4 …………………… 完成时间：（ ）
数学	1 …………………… 2 …………………… 3 …………………… 完成时间：（ ）
英语	每天听读 ………… 分钟 1 …………………… 2 …………………… 完成时间：（ ）
其它	…………………… ……………………
体育锻炼	坐位体前屈（ ） 踢毽子（ ） 跳绳（ ） 广 播 操（ ） 其 它（ ）
家校交流	家长签字：………… 作业完成情况：认真（ ）一般（ ） 马虎（ ）

趣味数学 王某从甲地去乙地，1分钟后，李某从乙地去甲地。当王某和李某在途中相遇时，哪一位离甲地较远一些？

答案：他们相遇时，是在同一地方，所以两人离甲地同样远

____年__月__日　星期____

语文	今日阅读 …………… 1 …………… 2 …………… 3 …………… 4 …………… 完成时间：（ ）
数学	1 …………… 2 …………… 3 …………… 完成时间：（ ）
英语	每天听读 ……… 分钟 1 …………… 2 …………… 完成时间：（ ）
其它	…………… ……………
体育锻炼	坐位体前屈（ ） 踢毽子（ ） 跳绳（ ） 广 播 操（ ） 其 它（ ）
家校交流	家长签字：…………… 作业完成情况：认真（ ）一般（ ） 马虎（ ）

英语名句

I can because i think i can.

我行，因为我相信我行！

____年__月__日 星期___

语文	今日阅读……………… 1……………… 2……………… 3……………… 4……………… 完成时间：（ ）
数学	1……………… 2……………… 3……………… 完成时间：（ ）
英语	每天听读………分钟 1……………… 2……………… 完成时间：（ ）
其它	……………… ………………
体育锻炼	坐位体前屈（ ） 踢毽子（ ） 跳绳（ ） 广播操（ ） 其它（ ）
家校交流	家长签字：………… 作业完成情况：认真（ ）一般（ ） 马虎（ ）

趣味对联

付出九牛二虎力；

不做七拼八凑文。

____年__月__日　星期____

语文	今日阅读…… 1…… 2…… 3…… 4……　完成时间：（　）
数学	1…… 2…… 3……　完成时间：（　）
英语	每天听读……分钟 1…… 2……　完成时间：（　）
其它	…… ……
体育锻炼	坐位体前屈（　）　踢毽子（　）　跳绳（　） 广　播　操（　）　其　它（　）
家校交流	家长签字：…… 作业完成情况：认真（　）一般（　）马虎（　）

古诗

回乡偶书

（贺知章）

少小离家老大回，乡音无改鬓毛衰。

儿童相见不相识，笑问客从何处来。

____年__月__日 星期____

语文	今日阅读 …………… 1 …………… 2 …………… 3 …………… 4 …………… 完成时间：（ ）
数学	1 …………… 2 …………… 3 …………… 完成时间：（ ）
英语	每天听读 …… 分钟 1 …………… 2 …………… 完成时间：（ ）
其它	…………… ……………
体育锻炼	坐位体前屈（ ） 踢毽子（ ） 跳绳（ ） 广 播 操（ ） 其 它（ ）
家校交流	家长签字：…… 作业完成情况：认真（ ）一般（ ） 马虎（ ）

弟子规

亲所好，力为具。亲所恶，谨为去。

____年__月__日 星期___

语文	今日阅读…… 1…… 2…… 3…… 4…… 完成时间：（ ）
数学	1…… 2…… 3…… 完成时间：（ ）
英语	每天听读……分钟 1…… 2…… 完成时间：（ ）
其它	…… ……
体育锻炼	坐位体前屈（ ） 踢毽子（ ） 跳绳（ ） 广 播 操（ ） 其 它（ ）
家校交流	家长签字：…… 作业完成情况：认真（ ）一般（ ） 马虎（ ）

趣味数学

时钟刚敲了13下，你现在应该怎么做？

答案：应该修理时钟

____年__月__日 星期___

语文	今日阅读………… 1………… 2………… 3………… 4………… 完成时间：（ ）
数学	1………… 2………… 3………… 完成时间：（ ）
英语	每天听读……分钟 1………… 2………… 完成时间：（ ）
其它	………… …………
体育锻炼	坐位体前屈（ ） 踢毽子（ ） 跳绳（ ） 广 播 操（ ） 其 它（ ）
家校交流	家长签字：………… 作业完成情况：认真（ ）一般（ ） 马虎（ ）

英语名句

Believe in yourself.

相信你自己！

____年__月__日  星期____

语文	今日阅读…… 1…… 2…… 3…… 4…… 完成时间：（ ）
数学	1…… 2…… 3…… 完成时间：（ ）
英语	每天听读……分钟 1…… 2…… 完成时间：（ ）
其它	…… ……
体育锻炼	坐位体前屈（ ） 踢毽子（ ） 跳绳（ ） 广 播 操（ ） 其 它（ ）
家校交流	家长签字：…… 作业完成情况：认真（ ）一般（ ） 马虎（ ）

趣味对联

过年苦，年苦过，过苦年，年过苦，年去年来今变古；

读书好，书好读，读好书，书读好，书田书舍子而孙。

____年__月__日　星期____

语文	今日阅读…… 1…… 2…… 3…… 4……　完成时间：（　）
数学	1…… 2…… 3……　完成时间：（　）
英语	每天听读……分钟 1…… 2……　完成时间：（　）
其它	…… ……
体育锻炼	坐位体前屈（　）　踢毽子（　）　跳绳（　） 广　播　操（　）　其　它（　）
家校交流	家长签字：…… 作业完成情况：认真（　）一般（　）马虎（　）

古诗

咏柳（贺知章）

碧玉妆成一树高，万条垂下绿丝绦。
不知细叶谁裁出，二月春风似剪刀。

____年__月__日 星期___

语文	今日阅读…… 1…… 2…… 3…… 4…… 完成时间：( )
数学	1…… 2…… 3…… 完成时间：( )
英语	每天听读…… 分钟 1…… 2…… 完成时间：( )
其它	…… ……
体育锻炼	坐位体前屈( ) 踢毽子( ) 跳绳( ) 广 播 操( ) 其 它( )
家校交流	家长签字：…… 作业完成情况：认真( )一般( ) 马虎( )

弟子规

身有伤，贻亲忧。德有伤，贻亲羞。

____年__月__日  星期___

语文	今日阅读 …… 1 …… 2 …… 3 …… 4 …… 完成时间：（ ）
数学	1 …… 2 …… 3 …… 完成时间：（ ）
英语	每天听读 …… 分钟 1 …… 2 …… 完成时间：（ ）
其它	…… ……
体育锻炼	坐位体前屈（ ） 踢毽子（ ） 跳绳（ ） 广 播 操（ ） 其 它（ ）
家校交流	家长签字：…… 作业完成情况：认真（ ）一般（ ） 马虎（ ）

趣味数学 在广阔的草地上，有一头牛在吃草。这头牛一年才吃了草地上一半的草。问，它要把草地上的草全部吃光，需要几年？

答案：它永远不会把草吃光，因为草会不断生长

____年__月__日 星期____

语文	今日阅读 …… 1 …… 2 …… 3 …… 4 …… 完成时间：（ ）
数学	1 …… 2 …… 3 …… 完成时间：（ ）
英语	每天听读 …… 分钟 1 …… 2 …… 完成时间：（ ）
其它	…… ……
体育锻炼	坐位体前屈（ ） 踢毽子（ ） 跳绳（ ） 广 播 操（ ） 其 它（ ）
家校交流	家长签字：…… 作业完成情况：认真（ ）一般（ ） 马虎（ ）

英语名句 Action speak louder than words.

行动胜于言语！

____年__月__日 星期___

语文	今日阅读…… 1…… 2…… 3…… 4…… 完成时间：（ ）
数学	1…… 2…… 3…… 完成时间：（ ）
英语	每天听读……分钟 1…… 2…… 完成时间：（ ）
其它	…… ……
体育锻炼	坐位体前屈（ ） 踢毽子（ ） 跳绳（ ） 广 播 操（ ） 其 它（ ）
家校交流	家长签字：…… 作业完成情况：认真（ ）一般（ ） 马虎（ ）

趣味对联

水水山山处处明明秀秀；
晴晴雨雨时时好好奇奇。

____年__月__日　星期____

语文	今日阅读…… 1…… 2…… 3…… 4……　完成时间：(　)
数学	1…… 2…… 3……　完成时间：(　)
英语	每天听读……分钟 1…… 2……　完成时间：(　)
其它	…… ……
体育锻炼	坐位体前屈(　)　踢毽子(　)　跳绳(　) 广　播　操(　)　其　它(　)
家校交流	家长签字：…… 作业完成情况：认真(　)一般(　)马虎(　)

古诗　凉州词（王之涣）

黄河远上白云间，一片孤城万仞山。
羌笛何须怨杨柳，春风不度玉门关。

____年__月__日 星期____

语文	今日阅读 …………………… 1 …………………… 2 …………………… 3 …………………… 4 …………………… 完成时间：（ ）
数学	1 …………………… 2 …………………… 3 …………………… 完成时间：（ ）
英语	每天听读 ……… 分钟 1 …………………… 2 …………………… 完成时间：（ ）
其它	…………………… ……………………
体育锻炼	坐位体前屈（ ） 踢毽子（ ） 跳绳（ ） 广 播 操（ ） 其 它（ ）
家校交流	家长签字：………… 作业完成情况：认真（ ）一般（ ） 马虎（ ）

弟子规

亲爱我，孝何难？订恶我，孝方贤。

____年__月__日　星期____

语文	今日阅读…… 1…… 2…… 3…… 4……　完成时间：（　）
数学	1…… 2…… 3……　完成时间：（　）
英语	每天听读……分钟 1…… 2……　完成时间：（　）
其它	…… ……
体育锻炼	坐位体前屈（　）　踢毽子（　）　跳绳（　） 广　播　操（　）　其　它（　）
家校交流	家长签字：…… 作业完成情况：认真（　）一般（　）马虎（　）

趣味数学　妈妈有7块糖，想平均分给三个孩子，

但又不愿把余下的糖切开，妈妈怎么办好呢？

答案：妈妈先吃一块，再分给每个孩子两块

____年__月__日 星期___

<table>
<tr><td>语文</td><td>今日阅读……
1……
2……
3……
4……　完成时间：(　)</td></tr>
<tr><td>数学</td><td>1……
2……
3……　完成时间：(　)</td></tr>
<tr><td>英语</td><td>每天听读……分钟
1……
2……　完成时间：(　)</td></tr>
<tr><td>其它</td><td>……
……</td></tr>
<tr><td>体育锻炼</td><td>坐位体前屈(　)　踢毽子(　)　跳绳(　)
广　播　操(　)　其　它(　)</td></tr>
<tr><td>家校交流</td><td>家长签字：……
作业完成情况：认真(　)一般(　)马虎(　)</td></tr>
</table>

英语名句

Never say die.

永不气馁!

____年__月__日 星期____

<table>
<tr><td rowspan="4">语文</td><td>今日阅读……………………</td></tr>
<tr><td>1……………………</td></tr>
<tr><td>2……………………</td></tr>
<tr><td>3……………………
4…………………… 完成时间：（ ）</td></tr>
<tr><td>数学</td><td>1……………………
2……………………
3…………………… 完成时间：（ ）</td></tr>
<tr><td>英语</td><td>每天听读………… 分钟
1……………………
2…………………… 完成时间：（ ）</td></tr>
<tr><td>其它</td><td>……………………
……………………</td></tr>
<tr><td>体育锻炼</td><td>坐位体前屈（ ） 踢毽子（ ） 跳绳（ ）
广 播 操（ ） 其 它（ ）</td></tr>
<tr><td>家校交流</td><td>家长签字：…………
作业完成情况：认真（ ）一般（ ） 马虎（ ）</td></tr>
</table>

趣味对联

一颗心，上上下下，忐忐忑忑；

两只手，分分合合，掰掰掰掰。

____年__月__日 星期___

语文	今日阅读 ……………… 1 ……………… 2 ……………… 3 ……………… 4 ……………… 完成时间：（ ）
数学	1 ……………… 2 ……………… 3 ……………… 完成时间：（ ）
英语	每天听读 ……… 分钟 1 ……………… 2 ……………… 完成时间：（ ）
其它	……………… ………………
体育锻炼	坐位体前屈（ ） 踢毽子（ ） 跳绳（ ） 广 播 操（ ） 其 它（ ）
家校交流	家长签字：……… 作业完成情况：认真（ ）一般（ ） 马虎（ ）

古诗

登鹳雀楼（王之涣）

白日依山尽，黄河入海流。
欲穷千里目，更上一层楼。

____年__月__日  星期____

语文	今日阅读…… 1…… 2…… 3…… 4…… 完成时间：（ ）
数学	1…… 2…… 3…… 完成时间：（ ）
英语	每天听读……分钟 1…… 2…… 完成时间：（ ）
其它	…… ……
体育锻炼	坐位体前屈（ ） 踢毽子（ ） 跳绳（ ） 广 播 操（ ） 其 它（ ）
家校交流	家长签字：…… 作业完成情况：认真（ ）一般（ ） 马虎（ ）

弟子规

亲有疾，药先尝。昼夜侍，不离床。

____年__月__日 星期____

语文	今日阅读 …… 1 …… 2 …… 3 …… 4 …… 完成时间：（ ）
数学	1 …… 2 …… 3 …… 完成时间：（ ）
英语	每天听读 …… 分钟 1 …… 2 …… 完成时间：（ ）
其它	…… ……
体育锻炼	坐位体前屈（ ） 踢毽子（ ） 跳绳（ ） 广 播 操（ ） 其 它（ ）
家校交流	家长签字：…… 作业完成情况：认真（ ）一般（ ） 马虎（ ）

趣味数学 一个房子4个角，一个角有一只猫，每只猫前面有3只猫，请问房里共有几只猫？

答案：4只

____年__月__日 星期___

语文	今日阅读 …… 1 …… 2 …… 3 …… 4 …… 完成时间：（ ）
数学	1 …… 2 …… 3 …… 完成时间：（ ）
英语	每天听读 …… 分钟 1 …… 2 …… 完成时间：（ ）
其它	…… ……
体育锻炼	坐位体前屈（ ） 踢毽子（ ） 跳绳（ ） 广 播 操（ ） 其 它（ ）
家校交流	家长签字：…… 作业完成情况：认真（ ）一般（ ） 马虎（ ）

英语名句 Jack of all trades and master of none.

门门皆通，样样稀松。

____年__月__日 星期___

语文	今日阅读…… 1…… 2…… 3…… 4…… 完成时间：（ ）
数学	1…… 2…… 3…… 完成时间：（ ）
英语	每天听读……分钟 1…… 2…… 完成时间：（ ）
其它	…… ……
体育锻炼	坐位体前屈（ ） 踢毽子（ ） 跳绳（ ） 广 播 操（ ） 其 它（ ）
家校交流	家长签字：…… 作业完成情况：认真（ ）一般（ ） 马虎（ ）

趣味对联

佛脚清泉，飘飘飘飘飘下两条玉带；

源头活水，冒冒冒冒冒出一串珍珠。

____年__月__日 星期____

语文	今日阅读 …… 1 …… 2 …… 3 …… 4 …… 完成时间：（ ）
数学	1 …… 2 …… 3 …… 完成时间：（ ）
英语	每天听读 …… 分钟 1 …… 2 …… 完成时间：（ ）
其它	…… ……
体育锻炼	坐位体前屈（ ） 踢毽子（ ） 跳绳（ ） 广 播 操（ ） 其 它（ ）
家校交流	家长签字：…… 作业完成情况：认真（ ）一般（ ） 马虎（ ）

古诗

春晓（孟浩然）

春眠不觉晓，处处闻啼鸟。
夜来风雨声，花落知多少。

____年__月__日　星期___

语文	今日阅读…… 1…… 2…… 3…… 4……　完成时间：（　）
数学	1…… 2…… 3……　完成时间：（　）
英语	每天听读……分钟 1…… 2……　完成时间：（　）
其它	…… ……
体育锻炼	坐位体前屈（　）　踢毽子（　）　跳绳（　） 广　播　操（　）　其　它（　）
家校交流	家长签字：…… 作业完成情况：认真（　）一般（　）马虎（　）

弟子规

或饮食，或坐走。长者先，幼者后。

____年__月__日 星期____

语文	今日阅读 …… 1 …… 2 …… 3 …… 4 …… 完成时间：（ ）
数学	1 …… 2 …… 3 …… 完成时间：（ ）
英语	每天听读 …… 分钟 1 …… 2 …… 完成时间：（ ）
其它	…… ……
体育锻炼	坐位体前屈（ ） 踢毽子（ ） 跳绳（ ） 广 播 操（ ） 其 它（ ）
家校交流	家长签字：…… 作业完成情况：认真（ ）一般（ ） 马虎（ ）

趣味数学 小军、小红、小平3个人下棋，总共下了3盘。问他们各下了几盘棋？

答案：2盘

____年__月__日 星期___

语文	今日阅读 …… 1 …… 2 …… 3 …… 4 …… 完成时间：（ ）
数学	1 …… 2 …… 3 …… 完成时间：（ ）
英语	每天听读 …… 分钟 1 …… 2 …… 完成时间：（ ）
其它	…… ……
体育锻炼	坐位体前屈（ ） 踢毽子（ ） 跳绳（ ） 广 播 操（ ） 其 它（ ）
家校交流	家长签字：…… 作业完成情况：认真（ ）一般（ ） 马虎（ ）

英语名句

Judge not from appearances.

人不可貌相，海不可斗量。

____年__月__日　星期____

<table>
<tr><td rowspan="5">语文</td><td>今日阅读 ……………………</td></tr>
<tr><td>1 ……………………</td></tr>
<tr><td>2 ……………………</td></tr>
<tr><td>3 ……………………</td></tr>
<tr><td>4 ……………… 完成时间：（　）</td></tr>
<tr><td rowspan="3">数学</td><td>1 ……………………</td></tr>
<tr><td>2 ……………………</td></tr>
<tr><td>3 ……………… 完成时间：（　）</td></tr>
<tr><td rowspan="3">英语</td><td>每天听读 ………… 分钟</td></tr>
<tr><td>1 ……………………</td></tr>
<tr><td>2 ……………… 完成时间：（　）</td></tr>
<tr><td>其它</td><td>……………………
……………………</td></tr>
<tr><td>体育锻炼</td><td>坐位体前屈（　）　踢毽子（　）　跳绳（　）
广　播　操（　）　其　它（　）</td></tr>
<tr><td>家校交流</td><td>家长签字：…………
作业完成情况：认真（　）一般（　）马虎（　）</td></tr>
</table>

趣味对联

读书好，耕田好，学好便好；
创业难，守成难，知难不难。

____年__月__日 星期____

语文	今日阅读…… 1…… 2…… 3…… 4…… 完成时间：（ ）
数学	1…… 2…… 3…… 完成时间：（ ）
英语	每天听读……分钟 1…… 2…… 完成时间：（ ）
其它	…… ……
体育锻炼	坐位体前屈（ ） 踢毽子（ ） 跳绳（ ） 广 播 操（ ） 其 它（ ）
家校交流	家长签字：…… 作业完成情况：认真（ ）一般（ ） 马虎（ ）

古诗

宿建德江（孟浩然）

移舟泊烟渚，日暮客愁新。
野旷天低树，江清月近人。

____年___月___日　星期____

语文	今日阅读…… 1…… 2…… 3…… 4……　完成时间：（　）
数学	1…… 2…… 3……　完成时间：（　）
英语	每天听读……分钟 1…… 2……　完成时间：（　）
其它	…… ……
体育锻炼	坐位体前屈（　）　踢毽子（　）　跳绳（　） 广　播　操（　）　其　它（　）
家校交流	家长签字：…… 作业完成情况：认真（　）一般（　）马虎（　）

弟子规

称尊长，勿呼名。对尊长，勿见能。

____年__月__日 星期___

语文	今日阅读…… 1…… 2…… 3…… 4…… 完成时间：（ ）
数学	1…… 2…… 3…… 完成时间：（ ）
英语	每天听读……分钟 1…… 2…… 完成时间：（ ）
其它	…… ……
体育锻炼	坐位体前屈（ ） 踢毽子（ ） 跳绳（ ） 广 播 操（ ） 其 它（ ）
家校交流	家长签字：…… 作业完成情况：认真（ ）一般（ ） 马虎（ ）

趣味数学 一个人花8块钱买了一只鸡，9块钱卖掉了，然后他觉得不划算，花10块钱又买回来了，11块卖给另外一个人。问他赚了多少？

答案：2元

____年__月__日 星期___

语文	今日阅读 …… 1 …… 2 …… 3 …… 4 …… 完成时间：（ ）
数学	1 …… 2 …… 3 …… 完成时间：（ ）
英语	每天听读 …… 分钟 1 …… 2 …… 完成时间：（ ）
其它	…… ……
体育锻炼	坐位体前屈（ ） 踢毽子（ ） 跳绳（ ） 广 播 操（ ） 其 它（ ）
家校交流	家长签字：…… 作业完成情况：认真（ ）一般（ ） 马虎（ ）

英语名句 Keep good men company and you shall be of the number.

近朱者赤，近墨者黑。

____年__月__日 星期____

语文	今日阅读 ……………… 1 ……………… 2 ……………… 3 ……………… 4 ……………… 完成时间：（ ）
数学	1 ……………… 2 ……………… 3 ……………… 完成时间：（ ）
英语	每天听读 ………… 分钟 1 ……………… 2 ……………… 完成时间：（ ）
其它	……………… ………………
体育锻炼	坐位体前屈（ ） 踢毽子（ ） 跳绳（ ） 广 播 操（ ） 其 它（ ）
家校交流	家长签字：………… 作业完成情况：认真（ ）一般（ ） 马虎（ ）

趣味对联

一口能吞二泉三江四海五湖水；

孤胆敢入十方百姓千家万户门。

____年__月__日 星期____

语文	今日阅读 …… 1 …… 2 …… 3 …… 4 …… 完成时间：（ ）
数学	1 …… 2 …… 3 …… 完成时间：（ ）
英语	每天听读 …… 分钟 1 …… 2 …… 完成时间：（ ）
其它	…… ……
体育锻炼	坐位体前屈（ ） 踢毽子（ ） 跳绳（ ） 广 播 操（ ） 其 它（ ）
家校交流	家长签字：…… 作业完成情况：认真（ ）一般（ ） 马虎（ ）

古诗

出塞（王昌龄）

秦时明月汉时关，万里长征人未还。
但使龙城飞将在，不教胡马度阴山。

____年__月__日　星期____

语文	今日阅读…… 1…… 2…… 3…… 4……　完成时间：（　）
数学	1…… 2…… 3……　完成时间：（　）
英语	每天听读……分钟 1…… 2……　完成时间：（　）
其它	…… ……
体育锻炼	坐位体前屈（　）　踢毽子（　）　跳绳（　） 广　播　操（　）　其　它（　）
家校交流	家长签字：…… 作业完成情况：认真（　）一般（　）马虎（　）

三字经

人之初，性本善。性相近，习相远。

____年__月__日 星期____

语文	今日阅读…… 1…… 2…… 3…… 4…… 完成时间：（ ）
数学	1…… 2…… 3…… 完成时间：（ ）
英语	每天听读……分钟 1…… 2…… 完成时间：（ ）
其它	…… ……
体育锻炼	坐位体前屈（ ） 踢毽子（ ） 跳绳（ ） 广 播 操（ ） 其 它（ ）
家校交流	家长签字：…… 作业完成情况：认真（ ）一般（ ） 马虎（ ）

趣味数学 一个农夫带着三只兔到集市上去卖，每只兔大概三四千克，但农夫的秤只能称五千克以上，问他该如何称量。

答案：先称3只，再拿下一只，称量后算差。

____年__月__日 星期___

语文	今日阅读………… 1………… 2………… 3………… 4………… 完成时间：（ ）
数学	1………… 2………… 3………… 完成时间：（ ）
英语	每天听读……分钟 1………… 2………… 完成时间：（ ）
其它	………… …………
体育锻炼	坐位体前屈（ ） 踢毽子（ ） 跳绳（ ） 广 播 操（ ） 其 它（ ）
家校交流	家长签字：………… 作业完成情况：认真（ ）一般（ ） 马虎（ ）

英语名句 Knowledge is power.

知识就是力量。

____年__月__日 星期____

语文	今日阅读 …… 1 …… 2 …… 3 …… 4 …… 完成时间：（ ）
数学	1 …… 2 …… 3 …… 完成时间：（ ）
英语	每天听读 …… 分钟 1 …… 2 …… 完成时间：（ ）
其它	…… ……
体育锻炼	坐位体前屈（ ） 踢毽子（ ） 跳绳（ ） 广 播 操（ ） 其 它（ ）
家校交流	家长签字：…… 作业完成情况：认真（ ）一般（ ） 马虎（ ）

语文小笑话 语文课上，老师说："白茫茫，谁会说和这个词语类型相同的词语？"学生回答："情深深，雨蒙蒙！"

____年__月__日 星期___

语文	今日阅读 …… 1 …… 2 …… 3 …… 4 …… 完成时间：（ ）
数学	1 …… 2 …… 3 …… 完成时间：（ ）
英语	每天听读 …… 分钟 1 …… 2 …… 完成时间：（ ）
其它	…… ……
体育锻炼	坐位体前屈（ ） 踢毽子（ ） 跳绳（ ） 广 播 操（ ） 其 它（ ）
家校交流	家长签字：…… 作业完成情况：认真（ ）一般（ ） 马虎（ ）

古诗

从军行（王昌龄）

青海长云暗雪山，孤城遥望玉门关。
黄沙百战穿金甲，不破楼兰终不还。

____年__月__日  星期____

语文	今日阅读 …………………… 1 …………………… 2 …………………… 3 …………………… 4 …………………… 完成时间：（ ）
数学	1 …………………… 2 …………………… 3 …………………… 完成时间：（ ）
英语	每天听读 ……… 分钟 1 …………………… 2 …………………… 完成时间：（ ）
其它	…………………… ……………………
体育锻炼	坐位体前屈（ ） 踢毽子（ ） 跳绳（ ） 广 播 操（ ） 其 它（ ）
家校交流	家长签字：………… 作业完成情况：认真（ ）一般（ ） 马虎（ ）

三字经

苟不教，性乃迁，教之道，贵以专。
昔孟母，择邻处，子不学，断机杼。

____年__月__日 星期___

语文	今日阅读…………………… 1…………………… 2…………………… 3…………………… 4…………………… 完成时间：（ ）
数学	1…………………… 2…………………… 3…………………… 完成时间：（ ）
英语	每天听读……分钟 1…………………… 2…………………… 完成时间：（ ）
其它	…………………… ……………………
体育锻炼	坐位体前屈（ ） 踢毽子（ ） 跳绳（ ） 广 播 操（ ） 其 它（ ）
家校交流	家长签字：…………… 作业完成情况：认真（ ）一般（ ） 马虎（ ）

英语名句 A good fame is better than a good face.

好的名望胜于好的相貌。

____年__月__日 星期___

语文	今日阅读…… 1…… 2…… 3…… 4…… 完成时间：（ ）
数学	1…… 2…… 3…… 完成时间：（ ）
英语	每天听读……分钟 1…… 2…… 完成时间：（ ）
其它	…… ……
体育锻炼	坐位体前屈（ ） 踢毽子（ ） 跳绳（ ） 广 播 操（ ） 其 它（ ）
家校交流	家长签字：…… 作业完成情况：认真（ ）一般（ ） 马虎（ ）

英语名句 Learn and live.

活着，为了学习。

____年__月__日 星期____

语文	今日阅读…… 1…… 2…… 3…… 4…… 完成时间：（ ）
数学	1…… 2…… 3…… 完成时间：（ ）
英语	每天听读……分钟 1…… 2…… 完成时间：（ ）
其它	…… ……
体育锻炼	坐位体前屈（ ） 踢毽子（ ） 跳绳（ ） 广 播 操（ ） 其 它（ ）
家校交流	家长签字：…… 作业完成情况：认真（ ）一般（ ） 马虎（ ）

语文小笑话 小学五年级语文考题：__肉__食 标准答案是：弱肉强食。某学生想不出答案，最后答:牛肉定食。

____年__月__日  星期___

语文	今日阅读…… 1…… 2…… 3…… 4…… 完成时间：（ ）
数学	1…… 2…… 3…… 完成时间：（ ）
英语	每天听读……分钟 1…… 2…… 完成时间：（ ）
其它	…… ……
体育锻炼	坐位体前屈（ ） 踢毽子（ ） 跳绳（ ） 广 播 操（ ） 其 它（ ）
家校交流	家长签字：…… 作业完成情况：认真（ ）一般（ ） 马虎（ ）

古诗 **芙蓉楼送辛渐**
（王昌龄）

寒雨连江夜入吴，平明送客楚山孤。
洛阳亲友如相问，一片冰心在玉壶。

____年__月__日  星期____

语文	今日阅读 ……………… 1 ……………… 2 ……………… 3 ……………… 4 ……………… 完成时间：（ ）
数学	1 ……………… 2 ……………… 3 ……………… 完成时间：（ ）
英语	每天听读 ……… 分钟 1 ……………… 2 ……………… 完成时间：（ ）
其它	……………… ………………
体育锻炼	坐位体前屈（ ） 踢毽子（ ） 跳绳（ ） 广播操（ ） 其它（ ）
家校交流	家长签字：……… 作业完成情况：认真（ ）一般（ ） 马虎（ ）

三字经

窦燕山，有义方，教五子，名俱扬。

____年__月__日 星期____

语文	今日阅读…… 1…… 2…… 3…… 4…… 完成时间：（ ）
数学	1…… 2…… 3…… 完成时间：（ ）
英语	每天听读……分钟 1…… 2…… 完成时间：（ ）
其它	…… ……
体育锻炼	坐位体前屈（ ） 踢毽子（ ） 跳绳（ ） 广 播 操（ ） 其 它（ ）
家校交流	家长签字：…… 作业完成情况：认真（ ）一般（ ） 马虎（ ）

英语名句 A good friend is my nearest relation.

良友如近亲。

____年__月__日 星期___

语文	今日阅读 …… 1 …… 2 …… 3 …… 4 …… 完成时间：（ ）
数学	1 …… 2 …… 3 …… 完成时间：（ ）
英语	每天听读 …… 分钟 1 …… 2 …… 完成时间：（ ）
其它	…… ……
体育锻炼	坐位体前屈（ ） 踢毽子（ ） 跳绳（ ） 广 播 操（ ） 其 它（ ）
家校交流	家长签字：…… 作业完成情况：认真（ ）一般（ ） 马虎（ ）

英语名句 Like teacher, like pupil.

什么样的老师教什么样的学生。

____年__月__日　星期____

语文	今日阅读 …………………… 1 …………………… 2 …………………… 3 …………………… 4 …………………… 完成时间：（　）
数学	1 …………………… 2 …………………… 3 …………………… 完成时间：（　）
英语	每天听读 ……… 分钟 1 …………………… 2 …………………… 完成时间：（　）
其它	…………………… ……………………
体育锻炼	坐位体前屈（　）　踢毽子（　）　跳绳（　） 广　播　操（　）　其　它（　）
家校交流	家长签字：………… 作业完成情况：认真（　）一般（　）马虎（　）

语文小笑话　一头大象对一只小老鼠说："你无疑是我见过的最小、最没用的东西。"

"请再说一遍，让我把它记下来。"老鼠说。"我要讲给我认识的一只跳蚤听。"

____年__月__日　星期___

<table>
<tr><td rowspan="5">语文</td><td>今日阅读……</td></tr>
<tr><td>1……</td></tr>
<tr><td>2……</td></tr>
<tr><td>3……</td></tr>
<tr><td>4……　完成时间：（　）</td></tr>
<tr><td rowspan="3">数学</td><td>1……</td></tr>
<tr><td>2……</td></tr>
<tr><td>3……　完成时间：（　）</td></tr>
<tr><td rowspan="3">英语</td><td>每天听读……分钟</td></tr>
<tr><td>1……</td></tr>
<tr><td>2……　完成时间：（　）</td></tr>
<tr><td>其它</td><td>……
……</td></tr>
<tr><td>体育锻炼</td><td>坐位体前屈（　）　踢毽子（　）　跳绳（　）
广　播　操（　）　其　它（　）</td></tr>
<tr><td>家校交流</td><td>家长签字：……
作业完成情况：认真（　）一般（　）马虎（　）</td></tr>
</table>

古诗

鹿柴（王维）

空山不见人，但闻人语响。
返景入深林，复照青苔上。

____年__月__日 星期___

语文	今日阅读………… 1………… 2………… 3………… 4………… 完成时间：（ ）
数学	1………… 2………… 3………… 完成时间：（ ）
英语	每天听读……分钟 1………… 2………… 完成时间：（ ）
其它	………… …………
体育锻炼	坐位体前屈（ ） 踢毽子（ ） 跳绳（ ） 广 播 操（ ） 其 它（ ）
家校交流	家长签字：………… 作业完成情况：认真（ ）一般（ ） 马虎（ ）

三字经

养不教，父之过。教不严，师之惰。

____年__月__日 星期___

语文	今日阅读…………………… 1…………………… 2…………………… 3…………………… 4…………………… 完成时间：（ ）
数学	1…………………… 2…………………… 3…………………… 完成时间：（ ）
英语	每天听读………分钟 1…………………… 2…………………… 完成时间：（ ）
其它	…………………… ……………………
体育锻炼	坐位体前屈（ ） 踢毽子（ ） 跳绳（ ） 广 播 操（ ） 其 它（ ）
家校交流	家长签字：………… 作业完成情况：认真（ ）一般（ ） 马虎（ ）

英语名句 A good heart conquers ill fortune.

善心克厄运。

____年__月__日 星期___

语文	今日阅读…… 1…… 2…… 3…… 4……　完成时间：（　）
数学	1…… 2…… 3……　完成时间：（　）
英语	每天听读……分钟 1…… 2……　完成时间：（　）
其它	…… ……
体育锻炼	坐位体前屈（　）　踢毽子（　）　跳绳（　） 广　播　操（　）　其　它（　）
家校交流	家长签字：…… 作业完成情况：认真（　）一般（　）马虎（　）

英语名句

Learn to walk before you run.

先学走，再学跑。

____年__月__日 星期___

语文	今日阅读 …………………… 1 …………………… 2 …………………… 3 …………………… 4 …………………… 完成时间：（ ）
数学	1 …………………… 2 …………………… 3 …………………… 完成时间：（ ）
英语	每天听读 ………… 分钟 1 …………………… 2 …………………… 完成时间：（ ）
其它	…………………… ……………………
体育锻炼	坐位体前屈（ ） 踢毽子（ ） 跳绳（ ） 广 播 操（ ） 其 它（ ）
家校交流	家长签字：………… 作业完成情况：认真（ ）一般（ ） 马虎（ ）

语文小笑话

孔子不能解决的问题，老子帮你解决。

____年__月__日 星期___

语文	今日阅读…… 1…… 2…… 3…… 4…… 完成时间：（ ）
数学	1…… 2…… 3…… 完成时间：（ ）
英语	每天听读……分钟 1…… 2…… 完成时间：（ ）
其它	…… ……
体育锻炼	坐位体前屈（ ） 踢毽子（ ） 跳绳（ ） 广 播 操（ ） 其 它（ ）
家校交流	家长签字：…… 作业完成情况：认真（ ）一般（ ） 马虎（ ）

古诗

静夜思（李白）

床前明月光，疑是地上霜。
举头望明月，低头思故乡。

____年__月__日 星期___

语文	今日阅读 …………… 1 …………… 2 …………… 3 …………… 4 …………… 完成时间：（ ）
数学	1 …………… 2 …………… 3 …………… 完成时间：（ ）
英语	每天听读 …… 分钟 1 …………… 2 …………… 完成时间：（ ）
其它	…………… ……………
体育锻炼	坐位体前屈（ ） 踢毽子（ ） 跳绳（ ） 广 播 操（ ） 其 它（ ）
家校交流	家长签字：…… 作业完成情况：认真（ ）一般（ ） 马虎（ ）

三字经

子不学，非所宜，幼不学，老何为？

玉不琢，不成器，人不学，不知义。

____年__月__日　星期___

语文	今日阅读…… 1…… 2…… 3…… 4…… 完成时间：（ ）
数学	1…… 2…… 3…… 完成时间：（ ）
英语	每天听读…… 分钟 1…… 2…… 完成时间：（ ）
其它	…… ……
体育锻炼	坐位体前屈（ ） 踢毽子（ ） 跳绳（ ） 广 播 操（ ） 其 它（ ）
家校交流	家长签字：…… 作业完成情况：认真（ ）一般（ ） 马虎（ ）

英语名句

A good marksman may miss.

智者千虑，必有一失。

____年__月__日 星期___

语文	今日阅读…… 1…… 2…… 3…… 4…… 完成时间：（ ）
数学	1…… 2…… 3…… 完成时间：（ ）
英语	每天听读……分钟 1…… 2…… 完成时间：（ ）
其它	…… ……
体育锻炼	坐位体前屈（ ） 踢毽子（ ） 跳绳（ ） 广 播 操（ ） 其 它（ ）
家校交流	家长签字：…… 作业完成情况：认真（ ）一般（ ） 马虎（ ）

英语名句

Learn not and know not.

不学无术。

____年__月__日  星期____

语文	今日阅读…… 1…… 2…… 3…… 4…… 完成时间：（ ）
数学	1…… 2…… 3…… 完成时间：（ ）
英语	每天听读……分钟 1…… 2…… 完成时间：（ ）
其它	…… ……
体育锻炼	坐位体前屈（ ） 踢毽子（ ） 跳绳（ ） 广 播 操（ ） 其 它（ ）
家校交流	家长签字：…… 作业完成情况：认真（ ）一般（ ） 马虎（ ）

语文小笑话

如果你骂我，我就变成一面镜子！

____年__月__日　星期___

语文	今日阅读 …………………… 1 …………………… 2 …………………… 3 …………………… 4 …………………… 完成时间：（　）
数学	1 …………………… 2 …………………… 3 …………………… 完成时间：（　）
英语	每天听读 ……… 分钟 1 …………………… 2 …………………… 完成时间：（　）
其它	…………………… ……………………
体育锻炼	坐位体前屈（　）　踢毽子（　）　跳绳（　） 广　播　操（　）　其　它（　）
家校交流	家长签字：………… 作业完成情况：认真（　）一般（　）马虎（　）

古诗　望庐山瀑布（李白）

日照香炉生紫烟，遥看瀑布挂前川。
飞流直下三千尺，疑是银河落九天。

____年__月__日 星期____

语文	今日阅读 ……………… 1 ……………… 2 ……………… 3 ……………… 4 ……………… 完成时间：（ ）
数学	1 ……………… 2 ……………… 3 ……………… 完成时间：（ ）
英语	每天听读 ………… 分钟 1 ……………… 2 ……………… 完成时间：（ ）
其它	……………… ………………
体育锻炼	坐位体前屈（ ） 踢毽子（ ） 跳绳（ ） 广 播 操（ ） 其 它（ ）
家校交流	家长签字：………… 作业完成情况：认真（ ）一般（ ） 马虎（ ）

三字经

为人子，方少时，亲师友，习礼仪。
香九龄，能温席，孝于亲，所当执。

____年__月__日 星期___

语文	今日阅读…… 1…… 2…… 3…… 4…… 完成时间：（ ）
数学	1…… 2…… 3…… 完成时间：（ ）
英语	每天听读……分钟 1…… 2…… 完成时间：（ ）
其它	…… ……
体育锻炼	坐位体前屈（ ） 踢毽子（ ） 跳绳（ ） 广 播 操（ ） 其 它（ ）
家校交流	家长签字：…… 作业完成情况：认真（ ）一般（ ） 马虎（ ）

英语名句 All that glitters is not gold.
闪光的不一定都是金子。

____年__月__日 星期____

语文	今日阅读 …………………… 1 …………………… 2 …………………… 3 …………………… 4 …………………… 完成时间：（ ）
数学	1 …………………… 2 …………………… 3 …………………… 完成时间：（ ）
英语	每天听读 ……… 分钟 1 …………………… 2 …………………… 完成时间：（ ）
其它	…………………… ……………………
体育锻炼	坐位体前屈（ ） 踢毽子（ ） 跳绳（ ） 广 播 操（ ） 其 它（ ）
家校交流	家长签字：………… 作业完成情况：认真（ ）一般（ ） 马虎（ ）

英语名句

No pains, no gains.

不劳无获。

____年__月__日　星期___

语文	今日阅读…… 1…… 2…… 3…… 4……　完成时间：（　）
数学	1…… 2…… 3……　完成时间：（　）
英语	每天听读……分钟 1…… 2……　完成时间：（　）
其它	…… ……
体育锻炼	坐位体前屈（　）　踢毽子（　）　跳绳（　） 广　播　操（　）　其　它（　）
家校交流	家长签字：…… 作业完成情况：认真（　）一般（　）马虎（　）

语文小笑话

愚者坐以待毙，智者坐以待币。

____年__月__日　星期___

语文	今日阅读…… 1…… 2…… 3…… 4……　完成时间：(　)
数学	1…… 2…… 3……　完成时间：(　)
英语	每天听读……分钟 1…… 2……　完成时间：(　)
其它	…… ……
体育锻炼	坐位体前屈(　)　踢毽子(　)　跳绳(　) 广　播　操(　)　其　它(　)
家校交流	家长签字：…… 作业完成情况：认真(　)一般(　)马虎(　)

古诗　**早发白帝城**

（李白）

朝辞白帝彩云间，千里江陵一日还。

两岸猿声啼不住，轻舟已过万重山。

____年__月__日　星期____

语文	今日阅读…… 1…… 2…… 3…… 4……　完成时间：（　）
数学	1…… 2…… 3……　完成时间：（　）
英语	每天听读……分钟 1…… 2……　完成时间：（　）
其它	…… ……
体育锻炼	坐位体前屈（　）　踢毽子（　）　跳绳（　） 广　播　操（　）　其　它（　）
家校交流	家长签字：…… 作业完成情况：认真（　）一般（　）马虎（　）

三字经

融四岁，能让梨，弟于长，宜先知。

____年__月__日 星期____

语文	今日阅读…… 1…… 2…… 3…… 4…… 完成时间：（ ）
数学	1…… 2…… 3…… 完成时间：（ ）
英语	每天听读……分钟 1…… 2…… 完成时间：（ ）
其它	…… ……
体育锻炼	坐位体前屈（ ） 踢毽子（ ） 跳绳（ ） 广 播 操（ ） 其 它（ ）
家校交流	家长签字：…… 作业完成情况：认真（ ）一般（ ） 马虎（ ）

英语名句 Learning makes a good man better and ill man worse.

好人越学越好，坏人越学越坏。

____年__月__日 星期___

语文	今日阅读…… 1…… 2…… 3…… 4…… 完成时间：（ ）
数学	1…… 2…… 3…… 完成时间：（ ）
英语	每天听读…… 分钟 1…… 2…… 完成时间：（ ）
其它	…… ……
体育锻炼	坐位体前屈（ ） 踢毽子（ ） 跳绳（ ） 广 播 操（ ） 其 它（ ）
家校交流	家长签字：…… 作业完成情况：认真（ ）一般（ ） 马虎（ ）

英语名句 where is a will,there is a way .

有志者事竟成。

____年__月__日 星期____

语文	今日阅读…… 1…… 2…… 3…… 4…… 完成时间：（ ）
数学	1…… 2…… 3…… 完成时间：（ ）
英语	每天听读……分钟 1…… 2…… 完成时间：（ ）
其它	…… ……
体育锻炼	坐位体前屈（ ） 踢毽子（ ） 跳绳（ ） 广 播 操（ ） 其 它（ ）
家校交流	家长签字：…… 作业完成情况：认真（ ）一般（ ） 马虎（ ）

语文小笑话

一个胖子居然自称自己不是个粗人。

____年__月__日 星期___

语文	今日阅读 .... 1 .... 2 .... 3 .... 4 .... 完成时间：（ ）
数学	1 .... 2 .... 3 .... 完成时间：（ ）
英语	每天听读 .... 分钟 1 .... 2 .... 完成时间：（ ）
其它	....
体育锻炼	坐位体前屈（ ） 踢毽子（ ） 跳绳（ ） 广 播 操（ ） 其 它（ ）
家校交流	家长签字：........ 作业完成情况：认真（ ）一般（ ） 马虎（ ）

古诗

江雪 （柳宗元）

千山鸟飞绝，万径人踪灭。
孤舟蓑笠翁，独钓寒江雪。

____年__月__日 星期___

语文	今日阅读 …… 1 …… 2 …… 3 …… 4 …… 完成时间：（ ）
数学	1 …… 2 …… 3 …… 完成时间：（ ）
英语	每天听读 …… 分钟 1 …… 2 …… 完成时间：（ ）
其它	…… ……
体育锻炼	坐位体前屈（ ） 踢毽子（ ） 跳绳（ ） 广 播 操（ ） 其 它（ ）
家校交流	家长签字：…… 作业完成情况：认真（ ）一般（ ） 马虎（ ）

三字经

首孝悌，次见闻，知某数，识某文。
一而十，十而百，百而千，千而万。

____年__月__日 星期____

语文	今日阅读 …………………… 1 …………………… 2 …………………… 3 …………………… 4 …………………… 完成时间：（ ）
数学	1 …………………… 2 …………………… 3 …………………… 完成时间：（ ）
英语	每天听读 ……… 分钟 1 …………………… 2 …………………… 完成时间：（ ）
其它	…………………… ……………………
体育锻炼	坐位体前屈（ ） 踢毽子（ ） 跳绳（ ） 广 播 操（ ） 其 它（ ）
家校交流	家长签字：………… 作业完成情况：认真（ ）一般（ ） 马虎（ ）

英语名句 A good book is a light to the soul.

好书一本，照亮心灵。

____年__月__日  星期___

语文	今日阅读…… 1…… 2…… 3…… 4……　完成时间：（　）
数学	1…… 2…… 3……　完成时间：（　）
英语	每天听读……分钟 1…… 2……　完成时间：（　）
其它	…… ……
体育锻炼	坐位体前屈（　）　踢毽子（　）　跳绳（　） 广　播　操（　）　其　它（　）
家校交流	家长签字：…… 作业完成情况：认真（　）一般（　）马虎（　）

语文小笑话

我们在梦里走了很多路，
醒来后发现自己还在床上。

____年__月__日 星期___

语文	今日阅读…… 1…… 2…… 3…… 4…… 完成时间：（ ）
数学	1…… 2…… 3…… 完成时间：（ ）
英语	每天听读……分钟 1…… 2…… 完成时间：（ ）
其它	…… ……
体育锻炼	坐位体前屈（ ） 踢毽子（ ） 跳绳（ ） 广 播 操（ ） 其 它（ ）
家校交流	家长签字：…… 作业完成情况：认真（ ）一般（ ） 马虎（ ）

古诗

清明（杜牧）

清明时节雨纷纷，路上行人欲断魂。
借问酒家何处有，牧童遥指杏花村。